**L’autrice**

À l’écoute de ses perceptions depuis son enfance, **Noémie Myara** a rapidement développé un goût pour l’inexplicable. Passionnée par la nature, le monde animal et les plantes, elle pratique plusieurs formes de magie, allant des arts divinatoires à la manipulation d’outils magiques, en passant par l’alchimie et l’herboristerie.

**Publiés chez le même éditeur :**
*Autels et pentacles de sorcières*, 2021
*Traité des usages & savoirs de sorcière*, ouvrage collectif, 2021
*L’Agenda des usages et savoirs de sorcière 2023*, ouvrage collectif, 2022
*Le Guide des runes*, 2022
*Décrypter les auras*, 2023

Retrouvez Noémie sur Instagram **@Myeimeon** et son site **www.etsy.com/fr/shop/MyEimeon**.


57 rue Gaston Tessier, CS 50061
75166 Paris cedex 19
Dépôt légal : octobre 2023
ISBN : 978-2-3824-0186-6
MDS : SR01866
N° d’édition : 25L0372-03
www.secretdetoiles.com

Noémie Myara

# SYMBOLES MAGIQUES

Secret d'étoiles

# SOMMAIRE

MDCCLXXVI
potentia

J'ai toujours eu une certaine fascination pour les symboles. Personnellement, je les vois comme des alliés incontournables et des outils indispensables à la pratique ésotérique.

Étroitement liés aux correspondances ou analogies magiques, ils appartiennent eux aussi au langage universel et ésotérique. Ils sont présents dans les rituels, les célébrations magiques, sur les autels, dans toutes sortes de décors spirituels... La sorcellerie les utilise par exemple comme support, notamment pour amplifier des énergies et créer des égrégores (une force ou énergie générée) grâce aux ondes de forme que les différents symboles occultes peuvent émettre selon l'énergie à laquelle ils sont reliés. Cet ouvrage présente 26 symboles pouvant être considérés comme classiques ou universels. Ils sont abordés à travers leur histoire, leurs symboliques, leurs interprétations et leurs utilisations dans les domaines spirituels et ésotériques. Certains de ces symboles sont liés à la géométrie sacrée.

## Quelques mots sur la géométrie sacrée

La géométrie sacrée représente une partie intégrante du langage de l'univers. On la qualifie d'étude des formes créées par le Divin. Ces formes apportent l'harmonie grâce à leurs dimensions et proportions parfaites, mais aussi parce qu'elles possèdent un haut niveau vibratoire. La géométrie sacrée est un terme ancien et universel. Comme tout ce qui touche aux nombres ou aux mathématiques, peu importe la culture ou la langue : la signification peut être interprétée de tous. C'est donc aussi l'une des formes de communication des plus anciennes. Elle s'appuie sur le nombre d'or, les proportions et les formes qui gouvernent la nature tout en impliquant le temps et l'espace.

Les motifs géométriques sacrés sont des formes à l'origine de toute vie dans l'univers. La géométrie sacrée incarne donc un lien naturel qui unit toute forme de vie. On l'observe partout : dans la nature, considérée comme une perfection (fleurs, cristaux, flocon de neige, êtres vivants…), mais aussi dans l'art et l'architecture, par exemple (temples, pyramides…).

## Les symboles, de l'abstrait au concret

Le symbole peut être une image, une figure géométrique, une représentation, un geste ou un objet qui évoque quelque chose d'abstrait. Chacun y attribue une émotion, une croyance, une énergie, une valeur ou un pouvoir. Il faut savoir que la perception que nous en avons est affectée par nos propres valeurs, nos propres croyances et notre propre culture. D'une façon générale, le symbole incarnera dans la matière ce à quoi il correspond dans les plans subtils. Il permettra ainsi d'amener ce qui est abstrait dans le concret.

Je vous souhaite une belle découverte de ces symboles magiques.

*Noémie Myara*

per vesam fidem
criteria de
soltem leges
potentie
non ceda
amor
industria
exitus
Habes fiduciam in

# SYMBOLES MAGIQUES

# L'ARBRE DE VIE

L'arbre de vie est un symbole que l'on retrouve depuis l'Antiquité chez les Mayas, les Aztèques, dans les traditions païennes, les croyances nordiques (l'arbre-monde Yggdrasil), la Kabbale hébraïque (arbre des Sephiroth) et dans bien d'autres cultures encore.

## Symbolisme et interprétation

Il représente symboliquement les lois de l'univers, à la fois le cycle de la mort et de la résurrection. Il évoque la force de la vie et ses origines, mais aussi la création, l'éveil, la sagesse, les connaissances, l'immortalité, le lien entre le ciel et la terre, les hommes et le Divin, le monde terrestre et l'au-delà, l'homme et la nature. Il est aussi un symbole d'ancrage, d'amour et de protection.

## Pratiques spirituelles et ésotériques

Très présent dans la culture païenne,il est représenté en gravure, en peinture, en broderie, en sculpture et sur différents types de supports à usage décoratif dans l'objectif de manifester son symbolisme. Du point de vue spirituel, l'arbre de vie est associé au travail sur soi et à l'évolution personnelle. Étant l'archétype très ancien de l'arbre-monde, il est couramment utilisé en méditation et durant les soins énergétiques pour son lien à la terre (ancrage), la vie, la protection et la sagesse.

# LA BOUGIE

Symbole et outil universel et ancestral, les bougies sont présentes dans l'ensemble des traditions (Grèce antique, Asie, Europe...) où elles pouvaient être utilisées pour éclairer, honorer, prier, apaiser ou encore en offrande. Les bougies occupent une place de choix dans le quotidien en général comme dans les pratiques religieuses. Elles sont aussi de solides alliées pour tout travail spirituel ou ésotérique.

## Symbolisme et interprétation

Sa flamme représente l'âme, la vie, la pureté, l'élément Feu et la purification. La bougie se consumant en offrande symbolise également le sacrifice et la dévotion. Ses couleurs définissent le plus souvent ses différentes utilisations dans le cadre spirituel et ésotérique. Voici quelques correspondances auxquelles vous pourrez vous référer selon vos besoins et pratiques.

## Pratiques spirituelles et ésotériques

Sa lumière apaisante et mystique est utilisée pour accompagner les méditations, les arts divinatoires et autres pratiques spirituelles. En ésotérisme, elle fait aussi partie intégrante de la pratique magique : elle représente l'intention lors du rituel. Symbole de l'âme, elle est un lien fort entre le monde physique et le monde astral. Comme elle permet d'ouvrir des portes entre les mondes, sa cire est un des condensateurs fluidiques les plus fréquemment utilisés. Elle sert par exemple à sceller un sort.

| Couleur des bougies | Symbolique et utilisation courante | Chakras et corps subtils | Éléments |
|---|---|---|---|
|  | Protection, conjuration, ancrage, demande ou action de repousser | Chakra racine<br>Corps physique | 🜄 🜁 🜃 |
|  | Rituel d'amour, passion, domination, force, demande urgente | Chakra sacré et chakra racine<br>Corps éthérique et corps physique | 🜂 |
|  | Abondance, vitalité, optimisme, joie, fertilité, récolte | Chakra sacré<br>Corps éthérique et corps astral | 🜂 |
|  | Abondance, chaleur, lumière, guérison | Chakra du plexus solaire et<br>Corps astral | 🜁 🜂 |
|  | Chance, prospérité, abondance, fertilité, guérison | Chakra du cœur<br>Corps mental | 🜃 |
|  | Amour, amitié, douceur, émotionnel, bienveillance, confiance, guérison | Chakra du cœur<br>Corps mental | 🜄 🜁 |
|  | Créativité, inspiration, communication, expression, rêve, méditation | Chakra de la gorge<br>Corps causal | 🜄 |
|  | Méditation, spiritualité, sagesse, voyance, divination, pouvoir psychique, connexion avec les plans supérieurs, évolution spirituelle | Chakra du 3e œil et chakra couronne<br>Corps bouddhique | 🜄 🜁 |
|  | Protection des animaux, ancrage | Chakra racine<br>Corps physique et corps éthérique | 🜃 |
|  | Purification, protection, divination, célébration, guérison, sabbats, pour émettre une demande et attirer à soi, pour tout type de rituel en général | Chakra couronne<br>Corps atmique | 🜄 🜁 |

# LA CLÉ

On retrouve le symbole de la clé dans la mythologie gréco-romaine comme attribut de plusieurs divinités telles que Janus (gardien des portes et guide des âmes), Héra (qui combat les géants avec sa clé) ou Hadès (qui détient les clés du monde souterrain). Chez les chrétiens, on retrouve les clés du Paradis. En Égypte, on associe la croix d'Ânkh à la clé de la vie et de la sagesse. À la fois associée au pouvoir, au savoir, à l'intimité et à bien d'autres symboliques encore, la clé est aujourd'hui un symbole universel possédant nombre d'interprétations.

## Symbolisme et interprétation

À travers des expressions comme «la clé du mystère» ou «la clé du problème», la clé est associée à l'accès à la connaissance, à la vérité, à la solution. Même si sa fonction première et d'ouvrir une porte, elle représente l'ouverture d'un point de vue plus global. Elle permet de déverrouiller ce qui est fermé, de voir ce qui est caché, d'accéder à ce qui était inaccessible. Elle apporte donc un certain pouvoir («les clés en main») et une certaine liberté («prendre la clé des champs»). Elle peut aussi représenter les messages du monde onirique ou de notre inconscient. On parle alors de «clé des songes». La clé sert aussi à fermer une porte ou un coffre pour protéger ce qui peut être précieux. Elle évoquera alors la sécurité et l'intimité. Elle renvoie par ailleurs à quelque chose dont l'importance est fondamentale ou sert à souligner des détails essentiels. On peut observer cette symbolique dans des expressions telles que «les mots-clés», «les points-clés», etc.

## Pratiques spirituelles et ésotériques

Dans un cadre spirituel ou ésotérique, on la retrouvera sous plusieurs formes, notamment de manière symbolique. Dans les parcours mystiques divers, on fait souvent référence au gardien des clés ou aux clés délivrées aux initiés. Elle incarnera alors le savoir, l'apprentissage, la révélation de mystères, l'intégration dans un univers religieux ou occulte, par exemple.

En représentation visuelle sur des amulettes, talismans ou autres créations magiques, elle symbolise le secret ou la révélation de choses encore mystérieuses.

Utilisée sur un autel ou dans certains rituels, on portera alors attention à sa représentation. Par exemple, c'est plutôt la clé de la vie soit la croix d'Ânkh qui sera utilisée pour favoriser la santé, la fertilité ou pour des rituels de protection, de guérison ou pour les rites liés à un défunt, par exemple.

# LA CROIX D'ÂNKH

La croix d'Ânkh puise son origine dans l'Égypte antique. Elle est l'attribut de plusieurs déités du panthéon égyptien telles que Maât, Isis ou Atoum. On la retrouve également dans le nom du pharaon Toutânkhamon (Tut-Ankh-Amon) et couramment dans la culture égyptienne. Elle a la forme d'une clé que l'on peut interpréter de plusieurs façons. La boucle en forme de goutte illustrerait le Soleil, la barre horizontale l'horizon et la barre verticale la trajectoire du Soleil. Elle serait aussi une métaphore de l'esprit et de la matière : la boucle renverrait au ciel et à la pluie qui fertilise la terre, elle-même représentée par les barres.La boucle peut aussi illustrer l'absence de début et de fin, à l'image de l'âme éternelle, et la croix être assimilée à la mort.

Certains considèrent par ailleurs la croix d'Ânkh comme la représentation de la vie et de l'union du masculin et du féminin à travers l'image symbolique de la femme ou de la mère et de l'homme ou du père. La croix d'Ânkh peut en effet, si on l'observe, être à la fois le symbole d'un utérus et d'un pénis. L'union des deux donne naissance à la vie. Ainsi, la croix d'Ânkh incarnerait l'enfant, le fruit de l'union du féminin et du masculin sacré, d'où son autre appellation de croix ou clé de vie.

## Symbolisme et interprétation

On interprète la croix d'Ânkh comme un symbole de lien avec la source de vie éternelle, de vérité, de sagesse spirituelle, de protection divine et d'immortalité.

Symbole de l'union du féminin sacré et du masculin sacré, elle est associée à la fécondité, la fertilité, l'amour, au Divin, mais aussi aux humains qui accomplissent le miracle de créer la vie. Sa forme évoque aussi la clé de la compréhension, de la connaissance et du lien cosmique. C'est la clé pour résoudre les mystères de la vie et de la mort.

## Pratiques spirituelles et ésotériques

Symbole de don divin et de vie, elle est utilisée couramment pour la protection et la fertilité. Représentant la vie au sens large du terme, elle est associée à la santé, l'abondance, la prospérité... C'est pourquoi elle est très utile pour la création d'amulettes et de talismans ou pour orner un autel. De la même manière, comme elle incarne la compréhension des mystères et la connaissance, elle pourra être utilisée dans des rituels destinés à connaître ce qui est caché, soulever un mystère ou une interrogation et obtenir des informations.

Placée dans la chambre pour apporter la fertilité, on dit qu'elle génère des champs magnétiques au moment de l'orgasme et favorise la fusion du masculin et du féminin pour créer la vie. Elle est liée essentiellement à deux éléments indispensables : l'Eau et l'Air. Cependant, on la trouve parfois aussi associée à la Terre pour l'aspect fécond de cet élément.

On lui prête le pouvoir de connexion avec la Source, car elle permettrait de connecter le ciel et la terre. Elle incarne la force vitale immortelle donc est aussi sollicitée dans les rites funéraires comme en Égypte antique. À cette époque, elle était disposée près de la bouche et du nez comme pour insuffler la vie, ou encore près des pieds afin d'offrir une protection divine au mort.

En raison de sa forme, certaines croyances l'assimilent aux quatre points cardinaux et lui attribuent des significations qui peuvent varier selon sa couleur. Par exemple :

- bleue, elle représente le ciel, l'aspect divin et sa protection, la connaissance et la sagesse ;

- or ou jaune, elle indique la prospérité, la santé, la création, l'intégrité, la vie féconde et la protection ;

- verte, elle est associée au Nil et par extension à la naissance, la vie et la création ;

- argenté clair ou brillante, elle indiquera la protection et symbolise la vie sur Terre, la fertilité et l'abondance ;

- de teinte argent oxydée, noire ou très foncée, elle évoquera le monde des morts.

# LES 4 ÉLÉMENTS

Les quatre éléments de la nature sont un concept que l'on retrouve depuis l'Antiquité. Ils servent à décrire la matière composant l'univers. Il semble que l'on doit la théorie des quatre éléments à Empédocle, philosophe grec du ve siècle avant Jésus-Christ (-490 à -435). Celui-ci posa l'hypothèse que le monde se compose de quatre éléments : l'Eau, l'Air, la Terre et le Feu. À chaque élément fut attribué un symbole. On utilise ces symboles et leurs symboliques dans l'astrologie, l'alchimie, la philosophie, la spiritualité, l'ésotérisme...

Les éléments Terre, Eau, Air et Feu sont communs à nombreuses cultures, mais certaines y ajoutent d'autres éléments (le bois, le métal, l'espace, la glace...). Ainsi le nombre d'éléments varie selon les cultures (cinq, six ou plus). Il existe un cinquième élément commun à la plupart d'entre elles nommé Éther ou Esprit. Je vous livrerai quelques mots sur ce dernier qui est également utilisé dans certaines pratiques spirituelles et ésotériques.

Il me semble plus clair de détailler pour chacun leur symbolique et leurs utilisations même si ces quatre éléments sont tous liés les uns aux autres et qu'ils possèdent tous une ambivalence : ils sont un élément de la vie indispensable et bénéfique, mais possèdent aussi un aspect plus effrayant, pouvant être destructeur et incontrôlable (par exemple, le feu apporte de la chaleur et réchauffe, mais peut aussi tout brûler et tout détruire). L'ensemble des symboliques seront sollicitées sous différentes formes en sorcellerie, notamment lors de rituels, célébrations ou créations magiques. Chaque élément étant par ailleurs mis en correspondance avec des astres, plantes, minéraux, on le retrouvera alors dans toute forme de pratique ainsi que dans différents courants magiques et spirituels.

▽

# EAU

## Symbolisme et interprétation

C'est un élément primordial indispensable à la vie. Elle est l'élément liquide qui contribue à la création (nous sommes constitués à 70 % d'eau). Elle est liée à la naissance et à la gestation, mais aussi à la croissance : l'eau nourrit la terre et la rend féconde (l'eau de pluie). L'eau peut laver, nettoyer, purifier au sens propre comme au figuré, dans une dimension plus spirituelle ou religieuse. Aussi, cet élément incarne le siège de nos émotions, de nos sentiments, de notre clairvoyance, de notre sagesse, de notre intuition, de notre empathie et de notre capacité à nous adapter.

## Pratiques spirituelles et ésotériques

En sorcellerie, on utilise de l'eau magique ou bénite (eau de lune, eau solaire, eau de pluie, eau florale) dans le cadre des rituels ou comme ingrédient dans des bouteilles de sortilèges et dans la plupart des potions magiques.

• L'eau peut également s'employer à des fins divinatoires à travers des pratiques comme l'hydromancie (l'observation des ondulations de quelques gouttes d'huile dans de l'eau) ou la divination par les miroirs. Il suffira par exemple de remplir un chaudron en fonte et ainsi d'utiliser l'eau comme un miroir.

• On utilise l'eau, ses symboliques ou ses correspondances dans de nombreux actes magiques traditionnels. Dans le cercle magique, l'élément est souvent représenté par le chaudron et placé à l'ouest (la direction qui lui est associée) ou en direction du cours d'eau le plus proche du sorcier ou de la sorcière.

• L'élément eau est aussi utilisée dans des rituels liés à la fertilité, la fécondité, l'amitié, l'amour, la guérison émotionnelle, pour développer l'intuition, la clairvoyance, œuvrer avec la magie des rêves ou la magie de la lune... Elle sert aussi dans les rites de purification et de nettoyage énergétique comme le bain rituel ou pour célébrer et honorer certaines divinités liées à cet élément. Sur un autel, des objets, amulettes ou talismans, le symbole sera dessiné ou gravé pour manifester sa symbolique.

🜁

# AIR

## Symbolisme et interprétation

Élément primordial indispensable à la vie, l'Air incarne le mouvement, le développement, l'invisible. Il représente les capacités de communication et intellectuelles, la logique, la raison, les pensées, l'esprit, la réflexion, l'ordre intérieur et mental, mais aussi l'inspiration, la concentration, la créativité, l'expression et les voyages.

## Pratiques spirituelles et ésotériques

L'élément Air s'utilise couramment dans les pratiques spirituelles et ésotériques par le biais de ses correspondances et de son symbole. Voici quelques exemples d'utilisations :

- La fumigation utilise sa symbolique de purification et de nettoyage énergétique pour chasser l'énergie négative (que ce soit avec des encens naturels, bâtons de sauge ou autres).

- Sur un autel, des objets, amulettes ou talismans, son symbole est dessiné ou gravé pour manifester les énergies qui y sont attachées.

- Dans un cercle magique, c'est la direction de l'est qui lui est associée et il est matérialisé par l'encens.

- On invoque cet élément pour les rituels magiques, les arts divinatoires ou les pratiques spirituelles qui appellent l'intuition, la créativité, l'inspiration, la concentration, les différentes formes d'expression, de communication et la clarté (d'esprit ou lever le voile pour éclaircir une situation, par exemple).

# TERRE

## Symbolisme et interprétation

La Terre est l'élément de l'abondance, de la prospérité, de l'ancrage, du cycle de la nature et de la vie. C'est l'élément qui symbolise la Terre-mère dans sa dimension protectrice ainsi que la féminité, les racines, l'introspection, la guérison, l'équilibre et les possessions matérielles. L'élément Terre évoque aussi la connexion à la nature et aux animaux.

## Pratiques spirituelles et ésotériques

Voici quelques exemples d'utilisations de l'élément Terre et de son symbole :

- Dans la magie de la terre, des plantes et du

jardin en général, c'est l'élément qui représente la connexion à la nature.

• Sur un autel, des objets, amulettes ou talismans, son symbole est dessiné ou gravé pour manifester les énergies qui y sont attachées.

• Dans un cercle magique, c'est la direction du nord qui lui est associée et il sera le plus souvent personnifié par le sel ou par des minéraux.

• On invoque cet élément pour les travaux spirituels d'ancrage, de calme intérieur, d'introspection, de renaissance, de gestion du stress, mais aussi de communication et de connexion avec le monde végétal, animal et minéral. Relié aux minéraux, cet élément se retrouve dans la magie des cristaux.

• On l'invoque aussi pour les rituels d'abondance, de chance, de prospérité, de fertilité ou de fécondité, de gain matériel, de protection, de guérison, mais aussi pour les rituels liés aux défunts et à la mort.

△

# FEU

## Symbolisme et interprétation

L'élément Feu est rattaché à la lumière, la chaleur, la passion, les désirs, l'amour, la vitalité, la force intérieure, la confiance en soi, l'inspiration, la purification, la protection, la puissance et la capacité de destruction. Le feu n'existe dans la nature qu'à travers le soleil, les éclairs et la lave en fusion, c'est pourquoi il représente aussi les choses qui ne perdurent pas, qui sont spontanées, ponctuelles, ont un temps donné ou une durée limitée. Cet élément symbolise aussi une forme de dualité.

## Pratiques spirituelles et ésotériques

Voici quelques exemples d'utilisations de l'élément Feu et de son symbole :

• On l'invoque dans les travaux spirituels de confiance en soi, d'amour de soi, de force intérieure, de transformation ou de transmutation, de motivation, d'ambition, de circulation des énergies ou pour en appeler certaines comme la Kundalini.

- Sur un autel, des objets, amulettes ou talismans, son symbole est dessiné ou gravé pour manifester ses énergies.

- Dans un cercle magique, c'est la direction du sud qui lui est associée et il est le plus souvent personnifié par des bougies.

- En ésotérisme, il entre dans le cadre des rituels de magie sexuelle ou d'amour, d'attraction, de purification, de protection, de courage, de force. C'est aussi l'élément permettant l'amplification des forces émises.

# ÉTHER

## Symbolisme et interprétation

On le nomme le cinquième élément. Il est celui qui fait le lien entre les quatre autres. Il représente l'esprit, l'âme, la quintessence, la conscience, l'étincelle de vie, la magie, la connexion entre le corps et l'esprit, la transcendance et la part de mystère dans toute chose.

## Pratiques spirituelles et ésotériques

Voici quelques exemples d'utilisations de l'élément Éther et de son symbole :

• Dans les travaux spirituels, il est l'élément qui porte en lui la plénitude, l'univers, le temps infini, les connexions entre les choses, les ancêtres, l'intuition, les secrets et l'inconnu. Il est aussi lié au travail de l'ombre et d'introspection.

• Sur un autel, des objets, amulettes ou talismans, son symbole sera dessiné ou gravé pour manifester ses énergies.

• Dans un cercle magique, il n'est pas une direction, mais incarne le centre.

• Ses énergies favorisent la divination comme la pratique de l'écriture automatique ou intuitive, mais aussi l'interprétation des symboles et des rêves.

• On l'invoque dans les rituels de connexion aux ancêtres, aux anges ou avec nos guides spirituels.

# L'ÉTOILE DE DAVID

L'étoile de David ou plus exactement en hébreu *maguen David*, qui signifie le bouclier de David, est une étoile à six branches ou hexagramme. Chez les Hindous, l'étoile à six branches correspond à Brahmā, le dieu créateur. L'hexagramme est une figure géométrique que l'on retrouve dans différentes cultures et dans la composition de nombreux symboles de géométrie sacrée comme le cube de Métatron, le sceau de Salomon et le symbole de la merkaba , par exemple.

## Symbolisme et interprétation

L'étoile de David est un puissant symbole de protection agissant comme un bouclier face aux énergies ou intentions négatives. Elle est la fusion des symboles des quatre éléments. Elle peut aussi représenter l'union du masculin et du féminin puisqu'elle est composée de deux triangles qui s'unissent. Dans le cadre spirituel, on lui attribue aussi le lien entre l'âme et Dieu, entre le spirituel et le physique.

## Pratiques spirituelles et ésotériques

L'étoile de David est le plus souvent utilisée pour protéger du mal, de toute forme de mauvaises énergies ou intentions et même des démons. Comme le sceau de Salomon, elle est la base de nombreuses créations talismaniques ou pantacles (à ne pas confondre avec les pentacles). On retrouve l'hexagramme sur plusieurs supports dessiné, gravé, cousu, porté en bijou ou encore disposé sur un autel.

# LA FLEUR DE VIE

La fleur de vie est un symbole géométrique composé d'une juxtaposition de plusieurs cercles égaux (sept cercles ou plus), reliés entre eux centre à centre. Cette figure forme une fleur avec une base hexagonale symétrique. Elle est traditionnellement représentée entourée de deux contours circulaires, mais pas systématiquement. L'origine réelle et exacte de la fleur de vie est très difficile à déterminer. On la retrouve dans nombreuses et anciennes cultures : il semblerait que la plus ancienne représentation connue ait été retrouvée dans le temple d'Osiris, en Égypte. En l'observant, on peut voir qu'elle renferme d'autres symboles tels que le *vesica piscis* (la vessie de poisson), le triquetra, la graine de vie, le motif sacré de l'œuf de vie, du fruit de vie, l'arbre des Sephiroth (un équivalent de l'arbre de vie dans la Kabbale hébraïque), le cube de Métatron et l'ensemble des solides de Platon. Sa géométrie dite absolue fait d'elle un symbole puissant incontournable de la géométrie sacrée.

## Symbolisme et interprétation

La géométrie de la fleur de vie représente l'infini, l'infinité de l'être, la connexion et l'ordre cosmique, la vie en mouvement, le cycle naturel et la régénération perpétuelle. Elle émet des vibrations particulières et puissantes. Elle revitalise, nettoie et augmente le taux vibratoire d'un lieu, d'un objet, de l'aura d'une personne… Elle possède une action de dynamisation et de purification et on la considère comme la base subtile de la création.

## Pratiques spirituelles et ésotériques

La fleur de vie est présente dans l'ensemble des courants spirituels. C'est sûrement l'un des symboles les plus utilisés. On la retrouve en décoration dans un lieu ou sur un autel pour bénéficier des bienfaits des ondes de forme et des énergies qu'elle émet. Pour les mêmes raisons, on peut la dessiner ou la graver sur un objet, une amulette ou un talisman. Sa représentation peut aussi servir d'outil pour accompagner une méditation, des soins énergétiques ou d'autres travaux spirituels. Ce qui rend aussi «pratique» la fleur de vie, c'est qu'elle se régénère en permanence ! Ainsi, elle ne nécessite aucun entretien énergétique particulier. Elle est donc un «outil» utile pour purifier, nettoyer et recharger énergétiquement tous types d'objets, préparations magiques ou minéraux, par exemple.

# L'INFINI

Le mot infini vient du mot latin *infinitus* qui veut dire «sans limites». Le signe de l'infini est représenté comme un 8 allongé. Il aurait été inventé par le mathématicien John Wallis en 1655 qui lui-même l'aurait puisé de la Rome antique. En effet, l'infini n'est pas qu'un symbole mathématique, mais un concept qui revêt plusieurs significations selon les civilisations.

## Symbolisme et interprétation

L'infini est attaché aux symboliques du nombre 8. Il a aussi des interprétations communes avec l'ouroboros. Il incarne la vibration de l'ordre cosmique et peut être un symbole d'équilibre, d'harmonie, d'éternité, de connaissance universelle, de spiritualité, de sagesse, de créativité et d'expansion. Associé aux huit pétales du lotus, une fleur sacrée, il symbolise l'union entre le physique et le spirituel. Il est aussi lié au temps, car sa forme peut faire penser à un sablier à l'horizontale indiquant que le temps qui s'écoule est figé.

## Pratiques spirituelles et ésotériques

Plusieurs utilisations de ce symbole sont retrouvées dans le cadre spirituel et ésotérique.

Sur un autel, une amulette ou un talisman, il est souvent utilisé pour représenter l'amour éternel, le temps, les choses qu'on ne peut briser et l'infini dans son sens le plus large, ou bien pour se recentrer sur soi et se connecter au monde. Il permet l'équilibre entre le corps, les émotions et l'esprit. Il harmonise et redynamise les énergies du corps ou d'un lieu. Il est considéré comme un portail entre le monde physique et le monde spirituel.

On le représente dans différents rituels comme ceux liés à la prospérité, la réussite ou la santé, car sa vibration appelle l'abondance et la guérison.

# LE KHAMSA

Le khamsa (qui signifie cinq) est un symbole originaire du Moyen-Orient, très courant chez les juifs et les musulmans. Il est connu aussi sous le nom de main de Myriam ou Fatma et est souvent associé à la déesse Tanit, issue des cultes antiques méditerranéens. Il est en général représenté par une paume de main avec un œil au milieu.

## Symbolisme et interprétation

C'est un symbole puissant de protection contre les énergies négatives. L'œil au centre agit comme un bouclier contre le mauvais œil. On le retrouve sur différents supports et objets, mais sa symbolique reste toujours la même : il chasse le mal.

## Pratiques spirituelles et ésotériques

Que ce soit en spiritualité ou en ésotérisme, c'est un symbole puissant de protection qui protège du mal et chasse le mauvais œil. Il est utilisé pour protéger une personne ou un lieu par le biais d'amulettes, de talismans, d'un tatouage ou gravé, dessiné ou cousu sur différents supports.

# LE LOTUS

Le lotus est une fleur dite sacrée depuis la nuit des temps. On le retrouve notamment en Égypte où il est aussi appelé le nénuphar bleu *(Nymphaea caerulea)*. En Asie, le lotus dit d'Orient *(Nelumbo nucifera)* possède aussi un symbolisme riche et varié. En Inde, il est appelé lotus sacré et considéré comme une fleur nationale (de même qu'au Viêt-Nam). On peut d'ailleurs l'observer dans l'art (surtout en Inde et en Asie), l'architecture, les temples, les autels... Même si elles sont toutes deux des plantes aquatiques, il existe des distinctions entre le lotus et le nénuphar. Les lotus appartiennent au genre *Nelumbo* et à la famille des Nélumbiacées alors que le nénuphar appartient à la famille des Nymphéacées et regroupe la plupart du temps les genres *Nymphaea* et *Nuphar*. Ces classifications sont parfois discutées, mais il est visuellement facile de différencier un lotus d'un nénuphar ou d'un nymphéa.

## Symbolisme et interprétation

On interprète le plus souvent le lotus comme un symbole sacré et divin. Associé à nombreuses divinités comme Vishnu, Brahmā, Lakshmi et Sarasvati, il est plus généralement un symbole de pureté absolue et d'éveil. Il est un emblème de l'élévation, de l'illumination spirituelle et de la sagesse et représente aussi l'amour, la féminité, la paix, la renaissance, la fertilité, la longévité, la prospérité et la pureté du corps.

La fleur de lotus puise les ressources de son épanouissement dans la boue (symbole de souffrance et de difficultés) et s'élève ensuite avec légèreté au-dessus de l'eau. On peut donc dire que l'évolution du lotus est un symbole fort. Il incarne une image de moralité et de pureté, car il demeure intact malgré ce qui l'entoure. Avec son énergie spirituelle bienveillante, il est une métaphore de l'élévation de l'âme et du voyage spirituel.

## Pratiques spirituelles et ésotériques

Ce symbole est utilisé de bien des façons. Il orne les autels spirituels ou ésotériques sur lesquels il peut être déposé comme offrande pour véhiculer plusieurs des symboliques vues plus haut comme l'éveil et l'élévation de l'âme, la pureté, la fertilité, la renaissance, l'abondance, la paix et la sagesse. Ces symboliques sont aussi sollicitées pour la création de certains talismans, amulettes ou encore d'objets spirituels et ésotériques.

Il peut être utilisé comme symbole pour représenter l'élément Eau, la conscience spirituelle, la sagesse ou les chakras. Ces sept centres énergétiques qui traversent l'axe vertébral sont souvent illustrés par un lotus de la couleur correspondante au chakra en question.

En méditation ou en yoga, on pratique la position dite du lotus : les jambes croisées, pied droit sur la cuisse gauche et pied gauche sur la cuisse droite, le dos droit, la tête dans l'alignement de la colonne et les mains posées sur les genoux. Ces derniers rappellent les pétales d'une fleur de lotus et l'ensemble de la position symbolise la fleur dans son épanouissement le plus total.

# LA MERKABA

La merkaba (ou merkavah) puise son origine dans la mystique juive. Ce terme hébreu signifie char ou zodiaque. On retrouve ce symbole dans plusieurs textes anciens qui décrivent des épreuves et voyages mystiques (le char des chérubins qui descend sur Terre, par exemple). On considère ce symbole comme appartenant à la géométrie sacrée. D'ailleurs, la merkaba est un des symboles qui compose le cube de Métatron, une autre figure très puissante de la géométrie sacrée.

## Symbolisme et interprétation

C'est un symbole lié à la clarté de l'esprit, à l'intégrité, l'authenticité et la sincérité. La merkaba représente aussi la guérison, le flux d'énergie, le corps énergétique et l'amour inconditionnel. On la qualifie également de véhicule qui permet de faire voyager le corps et l'esprit dans l'espace et le temps.

## Pratiques spirituelles et ésotériques

On retrouve ce symbole de géométrie sacrée dessiné, sculpté ou gravé sur des pendentifs, pendules, amulettes, talismans, vêtements ou minéraux. Il accompagne sous ces différentes formes la méditation, car il incarne le véhicule spirituel et énergétique qui aide à faire voyager l'esprit dans l'espace et le temps. Il est aussi utilisé pour cette raison en ésotérisme ainsi que pour ses puissantes vibrations de guérison et de protection.

# LE MÉTATRON

Le Métatron ou cube de Métatron est une figure puissante de la géométrie sacrée qui superpose l'ensemble de ce qu'on appelle les solides de Platon, soit le tétraèdre (le Feu), l'hexaèdre (la Terre), l'octaèdre (l'Éther ou l'Air), le dodécaèdre (l'univers) et l'icosaèdre (l'Eau), mais également la merkab. Il porte le nom de l'archange le plus puissant, Métatron, que l'on retrouve dans la religion juive et chrétienne. Il est le messager divin qui guide et montre la voie. Nous allons voir ici ses symboliques dans sa dimension spirituelle.

## Symbolisme et interprétation

Les solides de Platon qui le composent représentent la connexion cosmique et la connexion aux éléments, mais ce symbole renvoie aussi au Divin et au sacré. Lorsqu'il apparaît dans votre vie, il peut souligner la bénédiction et la présence de vos anges ou de vos guides près de vous. Il émet des ondes de forme très puissantes de protection, de guérison, de purification et de paix.

## Pratiques spirituelles et ésotériques

Ce symbole, qui possède un taux vibratoire très élevé, est par conséquent souvent utilisé pour purifier, protéger et augmenter le taux vibratoire d'un espace, d'une personne, d'objets ou de minéraux. Il est un outil qui peut accompagner les travaux spirituels et la méditation et être inclus dans la création de talismans, amulettes et sceaux, par exemple. On dit de lui qu'il offre la protection la plus puissante contre les énergies les plus négatives qui existent.

# LE MIROIR

Les miroirs sont vieux de plusieurs milliers d'années. Si l'eau fut le premier moyen utilisé pour observer son reflet, les premiers miroirs fabriqués étaient des morceaux de pierre polie comme l'obsidienne. Par la suite sont apparus les miroirs métalliques, en cuivre puis en bronze, en alliage d'étain, en argent, en verre... Au-delà son usage courant, le miroir est aussi un symbole mystique.

## Symbolisme et interprétation

La symbolique du miroir est multiple. Il est lié communément au travail de l'identité, au rapport à soi et aux autres, à la réflexion, l'acceptation de soi, l'ego, la manipulation, l'illusion et la vanité. Parfois, il est associé à un mauvais présage ou à la mort. Il est également lié aux oracles. Il est aussi un symbole de vérité, de connaissance, de magie, de divination, de féminité. Ses interprétations peuvent être dites positives comme négatives selon le contexte et la symbolique qu'on lui attribuera.

## Pratiques spirituelles et ésotériques

Dans un cadre spirituel, il est un symbole essentiellement axé sur le travail sur soi, l'identité, la vérité, la connaissance et de la sagesse. Il est une passerelle entre le conscient et le subconscient.

En ésotérisme, qu'il soit de l'eau dans un chaudron en fonte, un disque d'obsidienne ou un miroir argenté, il est utilisé comme passerelle entre les mondes dans la pratique de la magie et la divination par les miroirs. Étant considéré comme un outil capable de déplacer l'énergie, comme un portail vers les autres plans et étroitement lié à l'âme, plusieurs croyances lui sont associées :

- Couvrir les miroirs dans une maison en deuil, parce que les âmes des défunts peuvent y apparaître, revenir par leur biais ou encore y être emprisonnées ;

- Ne pas dormir face à un miroir, car il pourrait bloquer ou renvoyer les énergies évacuées et surtout parce qu'il représente une porte par laquelle l'esprit et les esprits peuvent voyager.

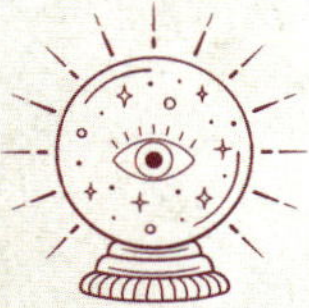

# L'ŒIL

L'œil a tellement de symboliques à travers le monde, le temps et les cultures ! Il est présent dans beaucoup de traditions religieuses et spirituelles. Vous trouverez une présentation complète de l'œil d'Horus ou œil oudjat. Ici, nous allons nous intéresser au symbole de l'œil dans sa dimension universelle et résumer ses interprétations et utilisations dans les domaines spirituels et ésotériques.

## Symbolisme et interprétation

Riche de symbolisme, l'œil peut représenter l'observation, la clairvoyance, l'invisible, le miroir de l'âme, l'intuition, la spiritualité, la perception intellectuelle, la vigilance, la sagesse, la providence, la protection, la connaissance, notre capacité à voir, le chakra Ajna (du 3e œil), l'œil divin surveillant l'humanité… Selon le cadre dans lequel il est utilisé, il peut aussi incarner le mal, le mauvais œil, la manipulation, le contrôle et la possession.

## Pratiques spirituelles et ésotériques

Il est possible de le graver, de le dessiner, de le tatouer ou de le coudre pour appeler ses qualités de protection et de clairvoyance. Il peut aussi être associé à d'autres symboles (pour composer un sceau, par exemple). On peut considérer le symbole de l'œil comme faisant partie de la base du langage spirituel et ésotérique.

# L'ŒIL D'HORUS

L'origine de ce puissant symbole de protection de l'Égypte antique remonte à une bataille entre le dieu Horus (fils d'Isis et d'Osiris) et son oncle Seth. Au cours du combat, Seth arracha l'œil gauche d'Horus, le découpa (en six morceaux, d'après une version de la légende) et le jeta dans le Nil. Le dieu Thot repêcha tous les morceaux sauf un qu'il ajoutera lui-même avant de restituer son œil à Horus. Certains considèrent que ce morceau serait doté de magie, d'autres le voient comme un hybride d'œil humain et d'œil de faucon. Dans tous les cas, «l'œil oudjat»

c'est-à-dire «l'œil sain» rendu à Horus par Thot lui redonna son intégrité physique et sa force vitale.

## Symbolisme et interprétation

L'œil oudjat incarne la protection pour les vivants comme les défunts, mais aussi le soleil, la lumière, la guérison, la régénération, la victoire et la vie éternelle. Il constitue également une façon de représenter la divinité Horus.

## Pratiques spirituelles et ésotériques

L'œil d'Horus est utilisé en talisman ou en sceau pour conjurer le mal et protéger du mauvais œil ou des mauvais sorts. On s'en sert également pour protéger des maladies ou bénir des processus de guérison. En divination, sur un autel ou dans différents rituels, il est un symbole de vision, de capacité à voir l'invisible, mais aussi de protection ou de réussite.

# LE OM

Le Om ou Aum est un symbole sanskrit que l'on retrouve dans l'hindouisme, le bouddhisme et d'autres courants religieux. Il accompagne plusieurs pratiques spirituelles, car il est considéré comme un mantra primordial des plus puissants. Il s'écrit normalement Aum et chaque partie du symbole correspondrait à une lettre et un état : A pour l'état d'éveil, U pour l'état de rêve et M pour le sommeil profond.

## Symbolisme et interprétation

En sanskrit, ce symbole désigne l'étincelle de vie et contiendrait en lui la vibration de l'univers, car il est le son originel. Il peut être décomposé en trois phonèmes, A, U et M, auxquels on attribue les interprétations suivantes : A représente le commencement, la naissance et le dieu créateur Brahmā ; U représente la continuation, la vie et le dieu Vishnu ; M représente la fin, la mort et le dieu destructeur du mal Shiva.

## Pratiques spirituelles et ésotériques

Spirituellement, répéter ce mantra permet de se connecter à la conscience universelle et au Divin. Émettant des vibrations créatrices, protectrices et purificatrices, il permet de stabiliser les énergies et de renforcer le champ aurique.

On le retrouve aussi sur des objets décoratifs pour orner les autels ou sur des talismans et amulettes pour manifester son énergie.

Il compose également d'autres mantras très puissants tels que le « om mani padme hum ». Ce mantra très utilisé regrouperait à lui seul les enseignements de Bouddha. Il émet des vibrations de protection et de guérison, et diffuse des énergies positives qui se succèdent à chaque syllabe prononcée. On peut les résumer ainsi : « om » est générosité et bienveillance; « ma » est valeur et éthique; « ni » est tolérance; « pad » est persévérance; « me » est concentration; « hum » est discernement.

Il est dit aussi que son action de purification agit sur tout notre être et qu'un voile est levé à chaque syllabe prononcée : « om » purifie le corps, « ma » purifie la parole, « ni » purifie l'esprit, « pad » purifie les émotions contradictoires, « me » purifie l'existence substantielle et « hum » purifie la connaissance.

# L'OUROBOROS

L'ouroboros est un serpent qui mord sa propre queue. C'est un symbole très ancien que l'on retrouve dans de multiples cultures et dans nombreux concepts philosophiques, spirituels et mythologiques. En Égypte, par exemple, sa trace fut retrouvée sur des papyrus datant du XIVe siècle avant notre ère, dans des pyramides et dans des tombeaux tel celui de Toutânkhamon. Mais on l'observe aussi dans la civilisation gréco-romaine ou encore dans la culture chinoise (sa tête s'apparente alors davantage à celle d'un dragon).

Il est aussi associé au Léviathan biblique. Dans les mythologies nordiques, il est le serpent géant Jörmungand, l'un des quatre enfants de Loki. Il a grandi jusqu'à encercler le monde et peut saisir sa queue dans sa bouche, maintenant ainsi les océans en place. Dans la tradition védique, on le présente sous la forme d'un serpent titanesque à plusieurs têtes et il personnifie une divinité appelée Sheshat qui représente la succession des univers.

## Symbolisme et interprétation

En Égypte, il semblerait qu'il était considéré comme marquant la limite entre le Noun (l'océan primordial à l'origine de la vie et de la mort) et le monde ordonné, s'étendant autour du monde. De façon générale, il est associé au concept d'éternité, à l'infini et plus précisément à la nature cyclique infinie de l'univers, au cycle éternel de la vie et de la mort, au cycle du temps, de la création à la destruction. Il renvoie au mouvement constant, au changement perpétuel, à la renaissance, à la continuité, à l'autofécondation, à l'espoir et au renouveau. Mais l'ouroboros incarne aussi un certain paradoxe : il se mord la queue, s'inocule son propre poison, est pris à son propre piège, tourne infiniment sur lui-même comme dans un cercle vicieux. Il représente donc aussi l'autodestruction et l'anéantissement.

## Pratiques spirituelles et ésotériques

Il est utilisé sur des talismans ou créations magiques pour désigner l'infini, le cycle de la nature et du temps, le mouvement perpétuel, la répétition, l'union et la renaissance. Ces symboliques peuvent aussi aider à l'interprétation d'un ouroboros en rêve. Selon le contexte, il pourra aussi indiquer les choses auxquelles on ne peut échapper, l'enfermement dans son propre cycle ou sur soi-même. Certains s'en servent également dans des actes occultes plus sombres pour générer des forces destructrices, car il peut être associé au chaos. Étroitement lié à la transformation et la transmutation, l'ouroboros est utilisé en alchimie comme sceau purificateur.

# LE PENTACLE

Apparu pour la première fois chez les Sumériens vers 6 000 avant notre ère, c'est plus récemment qu'on le retrouve lié à la sorcellerie tout comme le pentagramme. Le pentagramme et le pentacle sont deux symboles similaires possédant une différence : le pentagramme est une étoile à cinq branches et le pentacle est un pentagramme entouré d'un cercle. Ils possèdent tous deux des connotations ésotériques fortes, parfois incomprises. Pour certaines croyances religieuses, c'est en effet un symbole incarnant les forces du mal.

## Symbolisme et interprétation

Les interprétations religieuses classiques donnent généralement à ces symboles une connotation néfaste. Les interprétations spirituelles et ésotériques sont plus nuancées. Le pentagramme représente la magie et symbolise l'union du cosmos. Il est très fréquemment utilisé comme symbole protecteur et porte-bonheur, car c'est un puissant gardien contre le mal et les entités néfastes. Le pentacle représente l'unité entre la nature, ses éléments et l'Éther, qui désigne l'esprit, mais aussi l'infini et le microcosme dans le macrocosme. En ésotérisme, il symbolise les quatre éléments (Terre, Air, Feu et Eau) ainsi que l'esprit ou l'âme, le cercle entourant le pentagramme représentant le grand tout. On utilise couramment ces symboles la pointe vers le haut pour signifier que l'esprit/l'âme domine les éléments. On appelle alors les énergies divines dites «positives». Le pentagramme renvoie alors à l'apparence d'un corps humain. S'il est disposé pointe vers le bas, les éléments contrôlent l'esprit/l'âme et sont alors invoquées les énergies du monde d'en bas, dites « négatives ». D'ailleurs, le pentagramme inversé représente la tête d'un bouc, animal couramment associé au Malin. Le pentagramme dit «inversé » (pointe vers le bas, donc) est associé à la magie noire et à l'invocation du diable ou du mal dans certains principes de magie ancienne. Comme la plupart des choses qui existent, ces symboles possèdent un pôle négatif et un pôle positif.

## Pratiques spirituelles et ésotériques

Pentacle et pentagramme sont des symboles ésotériques de protection puissants. Ils permettent de créer un égrégore, de concentrer l'énergie, de l'appeler, l'amplifier et la canaliser. Ils sont utiles pour charger et bénir les préparations magiques, protéger l'autel, une personne, lors d'invocations, pour former un cercle magique ou dans plusieurs rituels de sorcellerie. Lors d'invocations ou de rituels de bannissement, ils peuvent être tracés sur le corps par le geste ou en visualisation. Récepteurs de magie, ils permettent également d'en émettre.

# LA PLUME

C'est sans aucun doute chez les Indiens d'Amérique que la plume est un symbole particulièrement fort. En règle générale, elles étaient vues comme un puissant porte-bonheur et considérées comme un présent provenant du Grand Esprit. Elles représentaient un cadeau de valeur, une récompense après un acte de bravoure reconnu par la communauté, par exemple. En résumé, c'était un honneur de s'en voir offrir une chez les Amérindiens. Les plumes faisaient partie intégrante de leur quotidien et ornaient les flèches afin qu'elles atteignent leur cible. On les trouvait aussi dans les rituels chamaniques, dans le tipi pour la protection et éloigner les mauvais esprits ou encore dans les attrape-rêves pour chasser les cauchemars… D'autres cultures font aussi référence à ce symbole. Par exemple, dans l'Égypte antique, la déesse Maât a comme attribut la plume d'autruche (symbole d'harmonie et de justice universelle). Celle-ci est utilisée lors des jugements au moment de la pesée du cœur. Aujourd'hui encore, la plume est un symbole universel chargé de signification dans la sphère spirituelle et ésotérique.

## Symbolisme et interprétation

Dans ses différentes interprétations, on la retrouve comme symbole de paix, de sagesse et de connexion avec le Divin, de liberté d'esprit, d'honneur, de protection, de bonheur et de force. Dans un cadre spirituel, on interprète le fait de trouver une plume comme une présence, la réponse à une question, le soutien ou la bénédiction de nos anges, de nos guides ou de nos défunts.

En divination, l'apparition de ce symbole indique les capacités écrites, les moyens de communication ou d'expression, les messages ou les nouvelles attendues. Selon la couleur ou l'oiseau d'où provient la plume, des symboliques plus particulières peuvent être apportées. En voici quelques-unes.

• La plume de corbeau : sagesse, intelligence, observation, équilibre, magie, protection, deuil ou présence d'un défunt.

• La plume de colombe : paix, harmonie, amour.

• La plume de faucon : puissance et guérison.

• La plume d'aigle : honneur, bravoure, courage et force par excellence ; chasser les énergies négatives.

• La plume de chouette : voir ce qui est caché ; mysticisme, secrets, nuit, solitude.

- La plume de pie : transporte la magie, apporte des nouvelles.

- La plume de paon : prospérité, fertilité, renouveau, bonheur, beauté, amour-propre ; parfois associé au mauvais œil.

- La plume de dinde : abondance et fertilité à travers la connexion à la terre.

- La plume de colibri : beauté, amour, vivacité d'esprit, créativité ; associée aux artistes.

- La plume d'oie : pureté, prudence, sobriété.

- La plume de rouge-gorge : nouvelles choses qui arrivent dans la vie, fertilité.

- La plume de cygne : pureté, nouvelles énergies, beauté, grâce et bonté.

- La plume de rossignol : sagesse sacrée et conscience profonde.

## Pratiques spirituelles et ésotériques

Les plumes étaient jadis utilisées dans de nombreux rituels chamaniques et c'est encore le cas aujourd'hui. Elles sont également des alliées de plusieurs pratiques et créations comme :

- des objets type attrape-rêves pour chasser les cauchemars ;

- différents sortilèges, soit pour attirer soit pour repousser des énergies. On leur prête aussi le pouvoir d'aider à canaliser la concentration et les énergies ;

- élément pour disperser la fumée lors de fumigation ;

- symbole de l'élément Air pour orner un autel, accomplir un acte ou une célébration magique, créer un sachet de pouvoir, une échelle de sorcière ou encore une bouteille de sorcière, par exemple.

# LE SCEAU DE SALOMON

Le sceau de Salomon est un symbole qui tient son nom du roi d'Israël. Il apparaît pour la première fois dans d'anciens textes bibliques. À l'origine, ce symbole était composé d'une étoile de David (une étoile à six branches), de lettres, de noms d'anges, de codes et de versets bibliques, le tout entouré d'un cercle. Il était gravé sur un anneau magique que le roi Salomon possédait et qui lui donnait le pouvoir de soumettre les démons, de commander les génies et de parler avec les animaux. On constate qu'il peut être représenté de différentes façons, notamment dans le milieu occulte. Un sceau étant une empreinte magique composée elle-même le plus souvent de plusieurs symboles, celui-ci peut donc être représenté avec des variations selon les besoins et utilisations.

## Symbolisme et interprétation

Considéré comme un puissant symbole de protection, il incarne aussi la sagesse, la domination de la lumière sur les forces négatives et la capacité à concentrer, canaliser et diriger les énergies. Sur le plan spirituel et ésotérique, il est par conséquent souvent comparé au pentagramme.

## Pratiques spirituelles et ésotériques

Plusieurs courants ésotériques utilisent le sceau de Salomon lors de rituels comme sceau de protection ainsi que pour les invocations, la divination et les exorcismes. Placé dans un lieu ou sur un objet (amulettes, talismans...), il est employé le plus souvent pour protéger, chasser les énergies négatives ou augmenter le niveau vibratoire.

Il peut aussi servir à charger une préparation magique ou à purifier un objet. Les mots choisis et inscrits sur le sceau véhiculeront l'intention et dirigeront les énergies appelées.

# LE SRI YANTRA

Nommé parfois sri chakra, le sri yantra est le plus connu des yantras. Dans la culture hindoue, les yantras sont des symboles géométriques symbolisant la relation entre l'humain et l'univers. Un yantra est utilisé pour illustrer les différents concepts et aspects du monde. On en compte 960. Le plus célèbre, le sri yantra, est d'ailleurs considéré comme étant à l'origine de tous les autres, car il englobe toutes les représentations qui existent. Le décrire n'est pas simple ! Pourtant, chaque élément incarne une symbolique. Il est constitué de neuf triangles imbriqués autour d'un point central, appelé le bindu (terme sanskrit qui signifie «goutte», «point»). Les quatre triangles qui pointent vers le haut représentent Shiva et son énergie qui s'élève. Les cinq triangles qui pointent vers le bas représentent Shakti et son énergie descendante. L'ensemble forme une sorte d'opposition similaire à celle du Yin et du Yang. Les neuf triangles sont entrelacés et forment 43 petits triangles. Ensemble, ils composent une matrice incarnant la création et le cosmos. Les triangles sont entourés par une fleur de lotus de huit pétales, puis une autre de seize pétales, ainsi que d'un carré symbolisant les quatre portes d'un temple sacré et par extension la Terre.

## Symbolisme et interprétation

Ce symbole représente la création, la vérité, la concentration, le lien entre le monde et le cosmos. Le sri yantra est le yantra qui représente l'univers dans son ensemble. On peut détailler son interprétation et ses symboliques en décomposant les éléments qui le constituent.

Le noyau ou bindu est lui-même formé de trois bindus superposés ayant chacun une symbolique :

- le premier, souvent de couleur rouge, représente l'ovule ;

- le deuxième, souvent de couleur blanche, représente le sperme ;

- le troisième représente l'union des deux, à l'image de celle des divinités Shiva et Shakti.

Le noyau traduit ainsi que la création vient de l'union des forces et des énergies du masculin et du féminin.

Les triangles qui pointent vers le haut symbolisent l'énergie en mouvement, l'action et le principe masculin. C'est une représentation de la croissance spirituelle et de son évolution. Le triangle vers le haut est aussi le symbole de l'élément Feu.

Les triangles pointant vers le bas désignent la connaissance spirituelle, la puissance créatrice, la fertilité, la fécondité, le principe féminin. Le triangle vers le bas est aussi un symbole de l'élément Eau.

On retrouve aussi dans ce symbole l'hexagramme, composé de deux triangles entrelacés dont l'un pointe vers le haut et l'autre vers le bas ainsi que la fleur de lotus. Ce sont eux aussi des symboles puissants.

## Pratiques spirituelles et ésotériques

Le sri yantra est surtout utilisé pour atteindre un certain niveau de concentration et de calme intérieur. Il est par conséquent un allié en méditation. On le retrouve aussi gravé ou dessiné sur tout type de supports. Il est cependant davantage sollicité dans une pratique spirituelle que purement ésotérique.

# LA TRIPLE LUNE

On attribue ce symbole du féminin au néopaganisme, au culte wiccan et plus généralement à la sorcellerie et la spiritualité moderne. La triple lune est un symbole qui se décompose en trois éléments correspondant aux trois faces de la lune. Celles-ci sont assimilées aux trois visages de la déesse : la jeune femme ou la vierge, la mère ou l'adulte et l'ancienne ou l'aînée. L'aspect triple apparaît au ve siècle à travers l'archétype de certaines déesses telles qu'Artémis, Hécate et Séléné, associées à la lune. D'autres cultures anciennes n'avaient pas la figure de la triple déesse même si elles avaient des divinités trinitaires.

## Symbolisme et interprétation

Le symbole est formé par la représentation d'une lune croissante à gauche, une pleine lune au centre et une lune décroissante à droite.

La lune croissante incarne la Vierge, la pureté et le nouveau commencement. C'est l'énergie nouvelle, la découverte d'expériences, l'indépendance, l'insouciance. La pleine lune représente la mère, celle qui donne la vie, féconde, est protectrice et bienveillante. Symbole de la puissance active, créatrice et consciente, elle représente le pouvoir d'une femme mûre et le pouvoir de la sexualité féminine.

La lune décroissante renvoie à l'aînée, la sagesse, l'introspection, le point culminant de la vie dans la connaissance et l'expérience totale. L'aînée contient en elle la mère et la fille ; elle est complète.

## Pratiques spirituelles et ésotériques

La triple lune accompagne les rituels liés à la féminité, la fertilité, la fécondité et l'abondance, mais aussi les rituels de lune ainsi que les sabbats. Ce symbole nous connecte à la fois à l'énergie lunaire et à la terre dans son aspect fécond et fertile, dans son lien avec la féminité.

La triple lune orne également les autels de sorcières. Elles l'utilisent pour honorer la déesse (Hécate, notamment) et pour renforcer leur créativité, leur pouvoir féminin, leur intuition, leurs sorts et invocations, tout comme pour appeler la protection de la triple déesse et de l'astre lunaire.

Enfin, lorsqu'on le porte sur soi, ce symbole est aussi souvent considéré comme un porte-bonheur.

# LA TRIQUETRA

La triquetra, dont la première syllabe rappelle celle de « triple », a pour origine le terme « trois ». On retrouve ce symbole en Europe du Nord sur des pierres runiques et sur des monnaies germaniques anciennes. Associé à une dimension religieuse et au paganisme germanique, il est constitué de trois *vesicae piscis*, parfois accompagnés d'un cercle intérieur ou extérieur. Comme son nom l'indique, il est utilisé pour regrouper trois « objets », « personnes » ou « concepts ». La triquetra possède des similitudes avec le valknut et le triskel.

## Symbolisme et interprétation

Ce symbole peut représenter la triple déesse (dans la Wicca ou en sorcellerie en général), le cycle de la vie, la Trinité, les trios passé/présent/futur, terre/mer/ciel, père/mère/enfant, mais aussi la protection contre les ténèbres. Comme le nœud avec lequel il a des similitudes, il incarne les choses liées et unies. Dans la magie moderne, il traduit les aspects interconnectés de l'existence soit l'esprit, le corps et l'âme.

## Pratiques spirituelles et ésotériques

Ses interprétations lui confèrent son symbolisme « de triple pouvoirs réunis » notamment en sorcellerie. On l'utilisera dans la pratique ésotérique comme signe de magie, de protection, d'unification... Il est gravé ou dessiné sur des talismans et amulettes ou sur la roue de l'année et le corps. On le trouve aussi en décoration d'autel ou sur un grimoire (livre des ombres). Il souligne une appartenance à certaines croyances.

# LE TRISKÈLE

Le triskèle, également orthographié triskell ou triskel et appelé triskelion ou triscèle, a une origine grecque même si on le retrouve dans différentes cultures. Il est associé principalement aux Celtes qui lui ont prêté de multiples usages. Le terme fait référence à trois jambes, représentées par les trois branches. Le sens de rotation du triskèle peut être horaire (dextrogyre) ou antihoraire (lévogyre). Cette caractéristique lui confère différentes interprétations selon le sens et le contexte. Le plus souvent, les branches sont tournées dans le sens inverse des aiguilles d'une montre pour symboliser le sens sacré de la paix et de l'harmonie.

## Symbolisme et interprétation

Le triskèle est un symbole de dynamisme et de mouvement, de paix et d'harmonie, mais aussi de protection et de chance. En effet, pour certains, il ressemble à un trèfle. Comme la triquetra, on lui attribue une représentation triple : Eau/Terre/Feu, ciel/Terre/océans, cycle de la vie enfance/âge adulte/vieillesse, passé/présent/futur ou encore les trois principaux dieux celtiques Lug, Ogme et Dagda.

## Pratiques spirituelles et ésotériques

Utilisé dans l'art, il reste associé à la culture celtique et plus précisément à la magie druidique. Il est le plus souvent gravé et dessiné sur des talismans, des amulettes, sur le corps ou porté en bijou et peut entrer dans la composition de tout autre création magique pour toutes les symboliques qu'il incarne.

# LE VEGVISIR

Formé de huit branches pointant chacune dans des directions différentes, le vegvisir est souvent représenté dans un cercle. C'est l'un des symboles vikings les plus anciens. Ce mot a pour origine les termes *vegur*, qui signifie route ou sentier, et *visir* qui veut dire guide. Nommé parfois le compas de vegvisir, la boussole runique ou boussole viking, ce symbole nordique est doté d'une dimension magique.

## Symbolisme et interprétation

Le vegvisir représente la protection et l'orientation. On lui prête le pouvoir d'aider les voyageurs lors de leurs périples, notamment à retrouver leur chemin, et de guider ceux qui sont dans une démarche de quête spirituelle ou d'évolution personnelle. Lorsqu'il apparaît dans notre vie, il indique en général que l'on est sur la bonne route.

## Pratiques spirituelles et ésotériques

Le vegvisir est étroitement lié à la magie des runes Futhark, à leur pouvoir et leur sagesse. Depuis l'époque viking, on l'utilise pour bénéficier de sa force et de son pouvoir. Il est le plus souvent tracé sur des amulettes, des talismans ou le corps.

# LE YIN ET LE YANG

Le symbole du Yin et du Yang puise son origine dans la philosophie chinoise, notamment le taoïsme. Aujourd'hui, il est un symbole bien connu. C'est à partir du IIIe siècle av. J.-C. qu'il commence à se faire connaître. On l'assimile généralement aux deux versants d'une montagne : l'une est le Yin, la partie sombre, le versant couvert ou nuageux ; l'autre est le Yang, le versant ensoleillé. Cette définition peut expliquer sa représentation avec deux couleurs opposées : le Yin est représenté en noir, le Yang en blanc.

## Symbolisme et interprétation

Ce symbole traduit les deux facettes d'une même réalité, la complémentarité, la dualité, l'alternance, les choses qui n'existent qu'ensemble, qui se complètent et s'opposent, qui sont interconnectées et liées. Ni le Yin ni le Yang ne peut exister seul. Associés au dynamisme de la nature et du cosmos, le Yin et le Yang sont donc ensemble le symbole de l'équilibre et de l'harmonie. On dit que le Yin désigne la lune et le principe féminin. Il est associé à la phase décroissante de la lune, à l'obscurité, à la fraîcheur, à l'humidité, à la réceptivité et à l'abstrait. Le Yang, lui, désigne le concept solaire et le principe masculin. Il est associé à la phase croissante de la lune, à la luminosité, à la chaleur, à l'action et au concret. On interprète également le Yin et le Yang comme un symbole d'interdépendance, d'interconnexion ou comme une représentation du couple homme/femme.

Il renvoie aussi à un cercle divisé en deux moitiés qui peut être associé aux saisons. La première partie de l'année avec le printemps et l'été bénéficiant de la lumière du Yang et la seconde partie avec l'automne et l'hiver qui est portée par l'énergie du Yin. Il existe aussi une correspondance entre le Yin et le nord (plus froid, plus sombre) et le Yang et le sud (plus chaud et ensoleillé).

## Pratiques spirituelles et ésotériques

En médecine chinoise et en spiritualité, on considère le Yin et le Yang comme une force qui assure la bonne circulation des énergies. Dans une pratique spirituelle ou ésotérique, on peut appeler le symbole en méditation ou visualisation pour redynamiser les énergies du corps et les harmoniser. On peut également l'utiliser sur un talisman et le tracer pour représenter la fusion ou l'équilibre des forces, symboliser le couple, désigner deux forces complémentaires et opposées ou encore incarner une forme de dualité (un pôle positif et un pôle négatif ou une part féminine et une part masculine, par exemple).

# BIBLIOGRAPHIE


CAZENAVE Michel, *Encyclopédie des symboles*, Le Livre de Poche, 1996.

CHEVALIER Jean et GHEERBRANT Alain, *Dictionnaire des symboles*, Robert Laffont, 1982.

COLLECTIF, *Le Guide des correspondances magiques*, Secret d'étoiles, 2023.

NORMAND Henry, *Dictionnaire des symboles universels*, Éditions Dervy, 2004.

MYARA Noémie, *Le Guide des runes. Futhark, oghams, runes de sorcières, alphabets sacrés*, Secret d'étoiles, 2022.

PENNICK Nigel, *Signes et symboles secrets*, Guy Trédaniel, 1998.

SIMEK Rudolf, *Dictionnaire de la mythologie germano-scandinave*, Porte Glaive, 1996.

Crédits photos: Shutterstock et Istock à l'exception des pages 48 (The Cleveland Museum of Art), et 74 (Museums Victoria).

Direction : Guillaume Pô
Direction éditoriale : Élisabeth Pegeon
Édition : Vanessa Martel
Préparation de copie : Annabelle Biau-Weber
Relecture : Stéphanie Girardot
Recherche iconographique : Marianne Louis
Direction artistique : Julie Mathieu
Conception graphique : Mathilde Corbel
Direction de fabrication : Thierry Dubus
Fabrication : Sonia Romeo

Achevé d'imprimer en mars 2025 en Europe (par Dimograf en Pologne).

FSC
www.fsc.org
MIXTE
Papier | Pour une gestion forestière responsable
FSC® C018236

Imprimé en Pologne sur du papier certifié FSC® (issu de forêts gérées de façon responsable), sur les presses de Dimograf, un imprimeur labellisé pour ses pratiques respectueuses de l'environnement.